RASTATT

L'ASSASSINAT DES MINISTRES FRANÇAIS

le 28 Avril 1799

d'après un Livre récent et des Documents inédits

Par J. SOUCHON

Archiviste honoraire de l'Aisne

*(Extrait du Tome XXXII du Bulletin de la Société
Académique de Laon).*

LAON

Imprimerie du *Journal de l'Aisne*, rue Sérurier, 22.

1907.

RASTATT

L'ASSASSINAT DES MINISTRES FRANÇAIS

le 28 Avril 1799

d'après un Livre récent et des Documents inédits

Par J. SOUCHON

Archiviste honoraire de l'Aisne

(Extrait du Tome XXXII du Bulletin de la Société Académique de Laon).

LAON

Imprimerie du *Journal de l'Aisne*, rue Sérurier, 22

—

1907.

RASTATT.

L'ASSASSINAT DES MINISTRES FRANÇAIS
LE 28 AVRIL 1799

D'APRÈS UN LIVRE RÉCENT ET DES DOCUMENTS INÉDITS.

——— ——

Le drame sanglant qui s'accomplit dans la nuit du
9 au 10 floréal an VII (28 au 29 avril 1799), sur la
route qui mène du Rhin à la petite ville badoise de
Rastatt, est un des problèmes historiques dont la
solution définitive n'est pas encore donnée. On tend
néanmoins à se rapprocher de la vérité. Jusqu'ici,
tous les historiens avaient admis que Bonnier et
Roberjot étaient tombés sous le fer homicide de
quelques soudards appartenant au régiment impérial
des hussards de Szekler. Cette accusation vient d'être
réduite à néant dans une étude publiée en allemand,
il y a quelques années, et dont une édition française
a paru en 1900 (1). Ce qui donne à cet ouvrage une
valeur incontestable, c'est que l'auteur — un officier
de l'armée autrichienne — a été autorisé à consulter,
à Vienne, des documents absolument inédits. De ces
documents, les uns sont conservés aux archives
d'État, les autres aux archives du Ministère de la

———————————

(1) *Capitaine Oscar Criste*. Rastatt. L'assassinat des
ministres français le 28 avril 1799, *d'après des documents
inédits des archives impériales et royales de Vienne*, tra-
duit de l'allemand par un officier supérieur : avec trois
cartes. *Paris*, librairie militaire R. Chapelot et Cⁱᵉ, 1900,
1 volume in-8° de IX-445 pages.

guerre : ils avaient été mis sous scellés à la fin du XVIIIe siècle, et ce n'est qu'au commencement du XXe qu'on a jugé qu'ils pouvaient devenir historiques. Le plus important est le *Protocole de Villingen*, c'est-à-dire le compte-rendu du Conseil de guerre devant lequel comparurent les hussards : on y trouve les dépositions de tous les officiers, sous-officiers et soldats, les conclusions du conseiller-rapporteur, et diverses pièces qui prouvent clairement l'innocence des Szekler. Non content d'avoir disculpé ses compatriotes, M. le capitaine Criste a traité entièrement la question de nouveau, mais il n'est pas arrivé à préciser le rôle que joua, dans cette tragique aventure, Jean Debry, qui était, on le sait, collègue de Bonnier et de Roberjot au Congrès de Rastatt, et que nous avons l'honneur de présenter pour la seconde fois aux lecteurs du Bulletin de la Société Académique.

I.

La France et l'Autriche avaient signé la paix à Campo-Formio le 17 octobre 1797. Comme il restait à régler plusieurs questions relatives à l'Empire, on décida qu'un congrès se tiendrait sur le territoire badois, à Rastatt, et que l'Empire, les états de cet Empire et la République française y seraient représentés. Un décret impérial, en date du 1er novembre 1797, convoqua les députés de l'Empire, et, à partir de ce jour, Rastatt compta dans ses murs une brillante réunion d'hommes d'État.

Le comte de Metternich, père du futur chancelier, remplissait les fonctions de plénipotentiaire impérial, et le chancelier de la cour électorale de Mayence, le baron von Albini, était placé, avec le titre de *minis-*

tre directorial, à la tête de la représentation des États de l'Empire ; le baron von Münch, conseiller de l'Électeur de Mayence, devait rédiger les procès-verbaux des séances. Parmi les *subdélégués*, que la diète de Ratisbonne avait désignés, figuraient le comte von Lœben, ministre de l'Électorat de Saxe ; le baron von Edelsheim, ministre d'état badois ; le baron von Gatzert, ministre de Hesse-Darmstadt ; le baron von Rechberg, envoyé de l'électeur de Bavière ; le chanoine Stadion, représentant du prince-évêque de Würzbourg. Peu à peu, à côté des délégués officiels de l'Empire, on vit arriver ceux de divers états qui pouvaient être intéressés au Congrès. Le Holstein fut représenté par le conseiller de légation von Eggers et le chambellan danois Rosenkrantz, Brême par le baron von Reden ; l'Empereur lui-même accrédita le comte Louis Cobenzl et le comte Lehrbach comme plénipotentiaires, l'un pour la Bohême et la Hongrie, l'autre pour les états autrichiens. Le chef de la députation de l'Électorat de Brandebourg était le comte Gœrtz, assisté du baron von Jacobi et de Christian-Guillaume von Dohm, du secrétaire de légation Lang et du conseiller de légation Jordan. La nouvelle république ligurienne, par suite de son voisinage avec la France, avait délégué les frères Boccardi, qui restèrent à Rastatt jusqu'à la fin.

La France eut successivement comme mandataires : 1° Bonaparte, qui ne fit qu'un très court séjour à Rastatt, du 25 novembre au 2 décembre 1797, et eut pour successeur Roberjot ; 2° Bonnier ; 3° Treilhard, qui fut remplacé par Jean Debry, le 15 mai 1798. A partir de ce moment, Bonnier fut considéré comme le chef de la représentation française. Il y avait en outre un secrétaire général, Rosenstiel, d'origine prus-

sienne, qui, par suite, parlait et comprenait parfaitement l'allemand.

Les relations entre les ministres français et leur
gouvernement étaient loin d'être cordiales, et elles ne
firent qu'empirer au cours des travaux du Congrès.
Bonnier exprimait sans détours son mécontentement
des vues politiques du Directoire : on affirme même
que Roberjot, exaspéré par les instructions venues
de Paris, avait adressé un mémoire confidentiel au
général Bonaparte, alors en Égypte, dans lequel il le
priait de revenir pour mettre fin à l'anarchie et s'em-
parer du pouvoir. Quant à l'attitude prise par les
ministres français à l'égard de leurs collègues, pendant les séances, elle était d'autant plus singulière
qu'ils avaient affaire à des diplomates de profession :
ils affectaient un manque d'égards, une rudesse en
contradiction complète avec les usages des cours
européennes, et ils ne cessaient de se moquer des
plénipotentiaires allemands.

Après le départ des troupes autrichiennes qui
tenaient garnison à Rastatt, la police de la ville fut
assurée par des soldats badois (infanterie et hussards). Ce qui compliquait la situation, c'est la
quantité d'émigrés qui se trouvait dans le margraviat:
il y en avait quatre mille entre Bâle et Philippsburg,
trois cents à Rastatt même, qui ne perdaient pas
l'occasion d'insulter les ministres français. C'était, au
rapport des autorités locales, des gens suspects et
redoutables : on voulut les expulser, mais ce fut en
vain. Un des plus remuants était le général Danican,
qui habitait Carlsruhe, sans être inquiété, à la fin
de 1798, et qui était en relations suivies avec un
émigré du nom de Vaugé, très intrigant, qui résidait
à Rastatt. Danican venait justement de publier, vers

le milieu de 1798, un violent pamphlet, intitulé : *Cassandre, ou quelques réflexions sur la Révolution française et la situation actuelle de l'Europe*, où il combattait les institutions républicaines, et prêchait l'assassinat des Directeurs : il aurait même déclaré que Bonnier et ses collègues ne sortiraient pas vivants de Rastatt.

Le Congrès s'ouvrit le 9 décembre 1797, mais il était évident d'avance qu'il n'aboutirait à rien. Les Français, par leur marche offensive sur le Rhin, en Italie et en Suisse, démentaient leurs intentions pacifiques : successivement, ils s'emparaient de Mayence et d'Ehrenbreitstein, annexaient Genève et Mulhouse, et favorisaient la création de la république romaine et de la république helvétique. L'Autriche n'osa pas rompre tout de suite, et chercha, sans y réussir, à former une coalition contre sa rivale. La France n'était pas prête non plus, et ce n'est guère qu'au commencement de mars 1799 que les hostilités commencèrent, sans que l'armistice fût dénoncé. Les débuts ne furent pas heureux pour les Français, qui, après la défaite de Jourdan à Stokach (26 mars), furent obligés de repasser sur la rive gauche du Rhin. Cette retraite laissait le champ libre au corps d'armée autrichien, dit du Danube, qui était commandé par le feld-maréchal-lieutenant von Kospoth. Kospoth chargea le chef de son avant-garde, le général-major comte Merveldt, d'occuper la Forêt-Noire, ce qu'il fit, sans rencontrer de résistance : Merveldt poussa alors en avant une de ses brigades, celle du général-major von Görger, et c'est ainsi qu'on vit descendre dans la direction du Rhin diverses troupes de cavalerie de cette brigade, entre autres le 13me régiment de dragons, et le régiment des hussards de Szekler, qui formait trois divisions de deux escadrons sous les ordres du colonel Joseph von Barbaczy.

A Rastatt, la situation n'était plus tenable : déjà le comte Lehrbach était parti le 10 mars. A plusieurs reprises, les Français violèrent la neutralité de la ville, et douze gardes nationaux y séjournèrent même, du 23 au 25 mars. Le 13 avril, Metternich, sur l'ordre de son souverain, se retirait brusquement, sans avoir eu le moindre entretien avec Bonnier, Roberjot et Debry : son départ mettait fin virtuellement au Congrès, puisque l'on ne pouvait négocier avec les Français que par son intermédiaire. Plusieurs plénipotentiaires suivirent cet exemple : d'autres (les envoyés de la Suède, des électeurs de Trèves et de Cologne, etc.) attendirent les évènements. Dès le 5 avril, les membres de la députation française avaient signalé au ministre des affaires étrangères, Talleyrand, les difficultés de leur situation, mais celui-ci leur ordonna de rester jusqu'à la dernière extrémité, ne reconnaissant pas à l'Empereur le droit de dissoudre le Congrès.

Pendant ce temps, les premières patrouilles des hussards de Szekler se montraient dans la vallée de la Murg, petit affluent de droite du Rhin, sans toutefois menacer directement Rastatt, situé presque à l'embouchure de la rivière. Ils avaient seulement l'ordre de surveiller la plaine, et aussi les espions français, très nombreux dans la région. Déjà l'archiduc Charles avait fait expulser : 1° de Ratisbonne, l'agent français Bacher, qui excitait la Diète contre l'Empereur ; 2° de Munich et de Stuttgart, les émissaires Alquier et Trouvé, qui s'efforçaient de provoquer un mouvement républicain dans l'Allemagne du

Sud. Trouvé avait même réussi à se faire des colla-
borateurs dévoués du ministre batave à Stuttgart,
Strick van Linschoten, et de son collègue danois, le
baron von Wæchter. Au fond, on soupçonnait Bonnier,
Roberjot et Debry d'être d'intelligence avec ces divers
personnages, car, en revenant en France, Bacher et
Alquier s'étaient arrêtés à Rastatt ; mais, pour en
avoir la certitude, il était nécessaire de saisir la
correspondance échangée entre eux. On n'y songea
pas tout d'abord ; peu à peu cependant, il dut venir
à l'esprit de quelques officiers de l'armée autrichienne
que, si l'on mettait la main sur les papiers de la
légation française, on aurait peut-être la clef de toutes
ces intrigues, qui finissaient par inquiéter le gouvernement impérial. Vers le milieu du mois d'avril, le chef
d'état-major de l'archiduc Charles, général-major
Schmidt, adressa à ce sujet une lettre particulière au
lieutenant-colonel Mayer, faisant fonctions de chef
d'état-major du corps Kospoth, avec lequel il était en
relations d'amitié : on n'a pas pu retrouver cette
lettre, mais il est probable que Schmidt exprimait le
désir que l'on pût s'approprier les archives de la
légation française, pour tâcher d'y découvrir les preu-
ves des actes d'espionnage de Wæchter et Strick.
L'idée parut séduisante au lieutenant-colonel Mayer ;
à son tour, il en écrivit au général von Gœrger, qui
prit ses dispositions pour réaliser l'enlèvement des
papiers : ce dernier fait est prouvé par une dépêche
du général-major Merveldt, en date du 18 avril, au
feld-maréchal-lieutenant von Kospoth. Le régiment
des hussards de Szekler faisant partie de la brigade
de Gœrger, et se trouvant cantonné tout près de
Rastatt, c'est à ces cavaliers que fut vraisemblable-
ment confiée l'exécution de cette mesure de précau-

tion, violente, mais excusable en cas de guerre.

Certains historiens modernes ont interprêté tout autrement cette lettre de Schmidt : ils ont prétendu que le général y conseillait — et dans certains cas un conseil est un ordre — d'attirer les trois plénipotentiaires dans un guet-apens, et de s'en débarrasser ainsi, sommairement. Schmidt aurait donné là un conseil bien maladroit, et en contradiction absolue avec la manière de voir de l'archiduc Charles et de l'Empereur. L'archiduc avait déclaré à plusieurs reprises — et Schmidt ne pouvait pas l'ignorer — qu'il considérait comme inviolables les envoyés de la France et leur suite. Quant au souverain, son frère, il était plus prudent encore ; craignant les complications que produiraient des mesures extrêmes, il n'avait autorisé l'expulsion des émissaires (Alquier, Trouvé, etc.) qu'après l'ouverture des hostilités, qui constituait un cas de force majeure. En outre, comment admettre que les généraux Kospoth, Merveldt et Gœrger se soient tous trois conformés, sans aucune récrimination, à un conseil ou à un désir qui ne tendait rien moins, en violant les règles les plus élémentaires du droit des gens, qu'à l'assassinat de Bonnier, Roberjot et Debry ? Mais, s'ils avaient eu d'aussi noirs desseins, ils auraient chargé de la besogne, non pas les hussards de Szekler, qui ne savaient pas un mot de français ni d'allemand, mais plutôt le 13e dragons, qui n'était pas loin non plus de Rastatt, et qui avait été formé des anciens hussards de Saxe et de Berczeny, soldats émigrés, qui devaient éprouver une haine féroce contre Bonnier et ses collègues, tous trois régicides. De la sorte, l'attentat serait, sinon légitimé, du moins expliqué.

Quoi qu'il en soit, le colonel Barbaczy, qui avait

établi ses quartiers à **Gernsbach**, sur la Murg supérieure, expédia, vers le 18 avril, des patrouilles jusqu'à Rastatt. Le 19, les hussards arrêtaient le ministre prussien Jacobi, l'envoyé danois Rosenkrantz, et le représentant de Würzbourg, comte Stadion, qui se promenaient aux environs, et, dans leur zèle, enlevaient les papiers dont Stadion était porteur. Aussitôt la députation française réclama contre ce qu'elle appelait une violation du droit des gens, et les membres du Congrès adressèrent des observations au colonel. Celui-ci répondit, le 22, que, depuis le départ du plénipotentiaire impérial, la ville de Rastatt ne pouvait plus être considérée comme le siège du Congrès, et que dorénavant elle serait soumise aux lois de la guerre. Devant cette fin de non-recevoir, les délégués de Würzbourg, de Saxe et de Brême se préparèrent à partir : Bonnier, Roberjot et Debry protestèrent de nouveau, et déclarèrent qu'ils allaient se retirer dans les trois jours. D'autre part, le même jour, 25 avril, l'archiduc Charles invitait Barbaczy à occuper Rastatt et à notifier aux envoyés de la France d'avoir à regagner, dans le délai de vingt-quatre heures, le territoire de la République. Le prince rappelait que leur voyage devait s'effectuer sans encombre et en pleine sécurité, et il recommandait d'apporter beaucoup de prudence dans l'exécution de cette mesure.

Le 28 avril, le colonel Barbaczy, ayant reçu les instructions de l'archiduc, et ayant été averti en outre que les Français projetaient une invasion dans la vallée de la Murg et le pillage de Rastatt, chargea le capitaine Burkhard, commandant le premier escadron des hussards de Szekler, d'entrer dans la ville, et l'auditeur du régiment, le lieutenant Ruziczka, de porter aux trois ministres l'ordre d'expulsion. Burk-

hard et Ruziczka arrivèrent à Rastatt vers 7 heures
du soir. Le capitaine s'installa provisoirement dans
une auberge, à vingt pas des murailles, et fit camper
son escadron devant la porte d'Ettlingen : il envoya
le lieutenant Fontana en reconnaissance à Plittersdorf,
et trois patrouilles s'en allèrent battre le pays jusqu'au Rhin. De son côté, le lieutenant auditeur remit
aux représentants de la France, réunis chez Jean
Debry, la lettre du colonel, que Rosenstiel leur tra-
duisit, et dont ils donnèrent un reçu officiel ; Ruziczka
ajouta que Barbaczy avait été très mortifié d'appren-
dre qu'ils avaient pu croire qu'on les inquiéterait au
cours de leur rentrée en France. Après une courte
conférence, les Français résolurent de se mettre en
marche immédiatement, bien que plusieurs de leurs
collègues allemands eussent essayé de les en dissua-
der. Ils firent leurs préparatifs et se présentèrent,
vers 10 heures du soir, à la porte de Rheinau, que
gardait un piquet de hussards.

Ces cavaliers, se conformant aux ordres du capitaine, refusèrent de les laisser passer : il fallut que
plusieurs des diplomates allemands aillent trouver
Burkhard, qui finit par accorder l'autorisation, tout
en s'étonnant d'un départ à cette heure et par ce
temps : en effet, le vent soufflait en tempête, et la
pluie tombait à torrents. Néanmoins, il ne voulut pas
accorder une escorte, alléguant le faible effectif de
ses troupes. En attendant la réponse de Burkhard,
les Français hésitaient encore, surtout Bonnier et
Roberjot : ce fut l'opinion de Debry, qui, dès le principe, s'était prononcé en faveur d'un retour immé-
diat, qui trancha la question. Un peu après dix
heures, le convoi se mit en mouvement. Debry
occupait la première voiture, avec sa femme et ses

deux filles : dans la seconde, qui lui appartenait, il avait fait monter son secrétaire Belin, et un valet de chambre. Bonnier avait pris place dans la troisième chaise de poste, le secrétaire d'ambassade, Rosenstiel, dans la quatrième, Roberjot et sa femme dans la cinquième, Boccardi, l'envoyé de Ligurie, et son frère, dans la sixième : puis venaient deux berlines, avec les domestiques et les bagages. Au sortir de Rastatt, les voitures, on le sait, furent attaquées, une bande de misérables massacra deux des trois plénipotentiaires et s'acharna sur leurs cadavres avec une férocité inouïe. Nous allons voir jusqu'à quel point les survivants de cet horrible drame en ont laissé un récit véridique.

II.

Les sources à consulter au sujet de l'attentat de Rastatt sont au nombre de trois : 1° un rapport adressé par Jean Debry à Talleyrand le 1er mai (12 floréal) ; 2° un autre rapport, en date du 6 mai, plus détaillé et intitulé : *Narré fidèle du forfait commis à Rastatt, d'après les ordres de l'Autriche, par le régiment des hussards autrichiens, dit de Szeklers, contre la légation française au Congrès de paix, le 9 floréal an VII de la République* ; 3° un troisième rapport provenant des ministres allemands qui, le 29 avril, se rendirent de Rastatt à Karlsrube pour le rédiger : ce document, en grande partie inspiré par Debry, ne tarda pas à être imprimé sous le titre : *Rapport authentique de l'attentat commis sur la légation française de paix aux environs de Rastatt, lors du départ du Congrès.* L'auteur en est le diplomate prussien von Dohm.

En étudiant de près ces trois rapports, on voit aisément qu'ils fourmillent de contradictions. Ainsi Debry raconte que soixante hussards ont attaqué le convoi : au contraire le postillon badois Kaspar et Sigrist, le cocher de Debry, qui devaient, du siège de la première et de la seconde voiture, voir ce qui se passait, parlent d'un petit nombre d'individus (trois à six hommes). Debry prétend encore que les assassins l'ont d'abord appelé, mais au dire de tous les témoins français, on a commencé par s'enquérir de Bonnier. Après avoir reçu quantité de coups, dit Debry, il se serait traîné dans un fossé et y aurait fait le mort : or le *Rapport authentique*, basé sur les récits ultérieurs de Debry, insinue qu'il a été jeté dans le fossé par les meurtriers. D'après la première version de Debry, on l'a volé, puis assommé à coups de sabre, et le lendemain il annonce aux ministres allemands qu'on ne l'a dépouillé que lorsqu'il gisait dans le fossé.

Dans son premier rapport, il dit que les assassins l'ont réclamé, sans mentionner l'idiome qu'ils ont employé, mais, lors de son retour à Rastatt, il affirme qu'on lui a demandé en français : *Est-ce que tu es Jean Debry ?* C'est seulement dans son second rapport qu'il se rappelle la mauvaise prononciation française des agresseurs. Sa femme, sa fille, son secrétaire, constatent le fait, mais, pour son cocher Sigrist, aucun hussard ne parlait français. Quant à ses blessures, Debry ne s'explique que très vaguement. Il indique le chiffre de 24 blessures ; si l'on croit son valet de chambre, il aurait reçu quarante coups de sabre et trente et une blessures. Or, d'après un témoin oculaire, le secrétaire de la légation danoise von Eggers qui, le lendemain, assista au premier pansement, Debry, alors que ses collègues étaient massacrés à deux pas de lui, s'en est tiré avec une assez forte estafilade sur le nez, une blessure sans gravité, et deux autres insignifiantes.

Si Debry est souvent contredit par les autres, il se contredit plus d'une fois lui-même. Dans le *Rapport authentique*, on lit qu'après avoir échappé aux coups des assaillants, il a pu, malgré la terrible blessure qu'il avait reçue au bras gauche, grimper sur un arbre et s'y maintenir jusqu'au jour, bien qu'il se fût, à plusieurs reprises, assoupi de fatigue. Dans son premier rapport, Debry ne souffle pas mot de cet arbre : dans le second, il déclare qu'il y grimpa seulement après avoir erré dans le bois jusqu'à l'aube. Un homme grièvement blessé au bras gauche aurait eu de la peine à exécuter cet exercice gymnastique en s'aidant d'un seul bras. D'autre part, s'il avait passé la nuit à parcourir le bois, on l'aurait rencontré. Vers 4 heures du matin, le major badois von Harrant et le comte de Solms-Laubach, dont Debry connaissait la voix, se mirent à sa recherche ; ils fouillèrent tout le pays, et en particulier le bois située au nord de la ville, et rentrèrent sans avoir trouvé le ministre.

Celui-ci, dans ses deux rapports prétend qu'en revenant à Rastatt il aperçut les cadavres — absolument nus — de ses infortunés collègues. D'après le procès-verbal (officiel) dressé sur les lieux mêmes, et qui a été reproduit dans le *Rapport authentique*, Roberjot était complètement habillé ; il ne lui manquait qu'une de ses bottes ; quant à Bonnier, il avait encore sa chemise et son gilet. Enfin, pour pénétrer dans la ville, Debry franchit une porte que gardaient des hussards de Szekler, et gagna rapidement la maison de Gœrtz, le plénipotentiaire prussien. Il convient à ce propos de remarquer que Debry, qui, dans tous ses récits, ne peut assez insister sur la terreur que lui inspirait la vue d'un seul de ces cavaliers, aurait eu alors l'héroïsme de passer seul devant un ou deux postes occupés par ces mêmes hussards, quand il lui était facile de suivre un tout autre chemin pour arriver à l'hôtel du comte Gœrtz.

En ce qui concerne les mauvais traitements qu'on a fait subir à Madame Debry, il n'y a lieu de tenir compte que des renseignements fournis par le badois Kaspar, les dames Debry elles-mêmes, et Sigrist, le cocher de Debry : seules, ces personnes ont pu voir quelque chose. Mais leurs indications diffèrent tellement qu'on ne saurait en tirer un récit intelligible des événements. Les dames Debry, à cause de leur épouvante, ne se rendaient pas compte de ce qui se passait. Mais, alors que le cocher Kaspar ne sait presque rien, Sigrist est doué d'une imagination extraordinaire. Non content d'improviser une espèce de plaidoyer en faveur de son maître, il dépose qu'il a vu le secrétaire de Debry se cacher dans les prés, et le valet de chambre s'éloigner en plongeant dans la Murg. Ce n'est pas tout : malgré l'obscurité la plus complète, il a observé que le ministre se relevait après sa chute et s'enfuyait dans le bois ; puis, après avoir encore remarqué qu'on ne molestait nullement les cochers badois, que pas un officier ne s'était approché, ni pendant le meurtre, ni pendant le pillage, il a eu le temps de constater qu'aucun hussard ne parlait français. Ce qu'il y a de plus fort, c'est qu'ayant aperçu Debry qui courait vers le bois, sachant qu'il n'était plus en péril et voyant d'autre part sa femme et ses filles se lamenter, il n'a pas eu l'idée, pour calmer leur désespoir, de leur dire que son maître était déjà loin. De plus, quand tout danger a disparu, quand les voitures sont rentrées à Rastatt, Sigrist se garde bien d'annoncer que le ministre a pu se sauver.

Le récit de l'assassinat du ministre Bonnier a été fait par le cocher badois Ohnweiler, qui le conduisait, et par son domestique Laublin, qui était à côté d'Ohnweiler sur le siège de la troisième voiture. Leurs témoignages ne s'accordent guère, et celui de Laublin surtout est tout à fait sujet à caution. Comment cet homme a-t-il eu le loisir de regarder comment on massacrait son maître, pendant qu'on le rossait et qu'on le dépouillait lui-même ? Comment, alors qu'il prétend avoir donné à Bonnier le conseil de fuir, n'a-t-il pas songé à ouvrir vite la portière, et a-t-il attendu un ordre pour cela ? Chose bizarre, tout en reconnaissant que les évènements se sont succédé avec la rapidité de l'éclair, il a entendu les hussards crier en allemand : *Hors des voitures !* ensuite l'officier commander à ses hommes, en français : *Hachez ces coquins de patriotes ! Hachez !* Ainsi les hussards de Szekler non-seulement s'expriment en français et en allemand, mais après avoir parlé français à Debry, ils interpellent en allemand le français Bonnier. Pourquoi ? On se le demande, et de même pourquoi le commandant des Szekler a poussé l'aberration jusqu'à employer avec ses soldats, tous hongrois ou valaques, des termes qu'ils étaient absolument incapables de comprendre.

Dans la seconde voiture, entre Debry et Bonnier, se trouvaient son secrétaire Belin et son valet de chambre Desmont. On a leurs déclarations. Celle de Desmont est insignifiante. Belin commence par dire

2

qu'il a tout à coup aperçu un assez grand nombre de
hussards ayant mis pied à terre, mais il est muet sur
le compte des chevaux, qui étaient aussi nombreux
que les hussards : ceux-ci ne pouvaient cependant
pas les tenir en main, puisque, soi-disant, ils étaient
en train de malmener Debry, Desmont et Belin. Ce
dernier, en quelques minutes, fait et endure des
choses étonnantes : on le tire violemment hors de la
voiture, il lutte avec les hussards qui le maintien-
nent, on le jette dans un fossé, on le roue de coups,
on le foule aux pieds, et c'est dans cette position
désagréable qu'il parvient à voir que deux soldats
saisissent Debry, pendant qu'un troisième, celui-là
à cheval, le frappe à coups de sabre ; enfin il entend
Sigrist s'écrier : *Il est mort !* Entre temps, il a trouvé
moyen de déclarer en bon français qu'il n'est pas
Bonnier, ce que les hussards comprennent parfaitement, paraît-il.

Pour l'assassinat de Roberjot, les récits de Madame
Roberjot, de son valet de chambre Venon et du
cocher Glassner, qui conduisait la cinquième berline,
ne sont pas plus concordants que les autres. Madame
Roberjot dit que son mari et elle ont couru jusqu'à
la voiture de Boccardi, et que, la trouvant vide, ils
sont revenus sur leurs pas : c'est une preuve que les
voitures ont été abordées successivement, et non
simultanément. Par contre, elle ajoute qu'on a attaqué
les voitures de tête au milieu de cris épouvantables :
si cela était exact, le premier mouvement de Madame
Roberjot eût été, non de retourner, mais de s'enfuir,
à l'exemple des Boccardi et de Rosenstiel. Quant à
Venon, le valet de chambre, il prétend avoir pris
Madame Roberjot dans ses bras et lui avoir bouché
les oreilles pour l'empêcher d'entendre les cris de

son mari. C'est là une singulière présence d'esprit, mais il eût été plus humain de boucher, non les oreilles, mais les yeux de Madame Roberjot, afin de lui épargner la vue de cet affreux spectacle. Ajoutons qu'on peut se demander si le domestique n'a pas agi ainsi parce qu'il se savait à l'abri de tout danger, et pour que sa maîtresse ne comprît pas les dernières paroles du mourant, qui allait peut-être, en râlant, lui révéler les noms des instigateurs du crime ? Le même Venon assure que les pillards lui ont pris, à lui et au cuisinier de Roberjot, 26 louis d'or, et que le lendemain on lui en a rendu 43, soit presque le double. Il faut avouer que les Szekler qui, au dire des témoins, parlaient cinq langues, — le français, l'allemand, l'italien, le hongrois et le valaque — n'étaient pas seulement des gens fort instruits, mais encore des seigneurs vraiment généreux.

Le secrétaire de légation, Rosenstiel, était, avec son domestique, dans la cinquième voiture, placée entre celles de Bonnier et de Roberjot. Il n'a assisté à rien puisqu'il s'est empressé de fuir, et de regagner Rastatt par les jardins du château : il ne fait que raconter ce qu'a vu son domestique, qu'on n'a pas cru devoir interroger, et c'est regrettable. Si l'on compare la conduite de cet homme avec celle de Laublin, on est frappé de ce fait que le serviteur de Bonnier (à la vie duquel on en veut par dessus tout) n'ouvre pas la portière ; celui de Rosenstiel, non content de baisser le marche-pied en toute hâte, tire son maître de la berline. S'il y a eu préméditation dans la conduite des deux subalternes, il est clair que le valet de Bonnier a voulu donner aux meurtriers le temps d'atteindre le ministre, tandis que celui de Rosenstiel cherchait à faire disparaître son

maître, qu'on n'avait pas l'intention d'assassiner ;
il redoutait peut-être que Rosenstiel, en restant sur
les lieux, ne devînt un témoin gênant de l'évènement.
On ne peut, à ce propos, que penser à l'attitude du
domestique de Roberjot, qui a laissé celui-ci revenir
vers son équipage, et trouver singulier qu'on n'ait
pas songé à questionner ces individus. Enfin, comment Rosenstiel et son valet, dans leur ardeur de
se sauver, n'ont-ils pas pensé à prévenir Roberjot,
devant la voiture de qui ils ont dû passer dans leur
course ?

Le ministre de Ligurie, Boccardi, occupait avec
son frère la sixième voiture, qui suivait immédiatement celle de Roberjot. On sait que ces deux personnages n'étaient déjà plus là quand Roberjot et sa
femme se présentèrent à leur chaise : cette circonstance enlève toute vraisemblance au récit de Boccardi.
D'après lui, son domestique aurait aperçu des hussards qui se dirigeaient sur eux, ventre à terre, en
hardis cavaliers chargeant à travers champs, au
milieu de la nuit, sans se soucier des difficultés du
terrain. Si le fait était vrai, les soldats qui galopaient
ainsi ne pouvaient être les meurtriers, postés près
des premières voitures : mais il est inexact ; l'interrogatoire des hussards a établi qu'ils arrivèrent
par le pont de la Murg. D'ailleurs, s'ils avaient pris
par les champs, aucun fugitif n'aurait pu rentrer dans
Rastatt sans tomber entre leurs mains.

En résumé, de toutes ces déclarations contradic-
toires, certains faits se dégagent à peu près clairement. Les agresseurs étaient au nombre de six à
huit, dont un à cheval, les autres à pied : le seul
flambeau allumé a été éteint aussitôt, soit par eux,
soit par le porteur du flambeau. Ils ont appelé sans

doute Bonnier, probablement Roberjot, mais non
Debry, à coup sûr. Ils ont formellement, et à plusieurs
reprises, prononcé les noms de Bonnier et de Roberjot ; on n'en voulait donc qu'à ces deux ministres.
Ils ont parlé français ou allemand, peut-être même
les deux langues. Ils n'ont pas attaqué simultanément toutes les voitures et se sont portés successivement de l'une à l'autre : malgré cela, l'exécution n'a
demandé que quelques instants. Les assassins se sont
à peine arrêtés a la chaise de Debry, ont négligé la
seconde, et se sont jetés au plus vite sur celles de
Bonnier et de Roberjot : ils avaient hâte de les
atteindre et d'en finir. En outre, il ressort de l'affir-
mation de Debry, relative à la langue employée par
les meurtriers, que Debry tenait avant tout à prouver
qu'ils parlaient mal le français, donc que ce n'était
pas des Français. En songeant à la manière dont ses
collègues ont été massacrés, il faut reconnaître que
Debry a dû la vie à un véritable miracle, et c'est en
vain qu'il a allégué que l'épaisseur de ses vêtements
avait amorti les coups : Bonnier et Roberjot étaient
certainement aussi couverts que lui, vu la saison.
Non seulement Debry n'a pas précisé le ou les lieux
où il a passé la nuit du 28 avril, mais le récit de sa
rentrée dans Rastatt est manifestement inexact. D'autre
part, Rosenstiel et les frères Boccardi ont quitté la
place sans être à même de recueillir le moindre indice
du danger qui les aurait menacés, et ils l'ont fait sur
les instances de leurs serviteurs : celui de Roberjot,
dont la mort était décidée, se conduit tout autrement,
et se garde bien d'engager ses maîtres à se sauver.
Il est encore à remarquer qu'aucun des domestiques
— une vingtaine d'hommes environ — qui étaient
armés pour la plupart, n'a eu l'idée d'opposer de la

résistance aux assaillants, quels qu'ils fussent : on ne saurait cependant admettre que tous les gens de la suite des ministres aient été des lâches ou des poltrons !

On n'a pas, jusqu'à présent, suffisamment insisté sur une circonstance qui expliquerait, en partie, les contradictions signalées dans les divers récits des Français, c'est l'obscurité profonde qui régnait sur le théâtre du crime. On n'a pas non plus assez considéré la carte des environs de Rastatt. En la regardant de près, on y aurait vu que trente-deux cavaliers (c'est le nombre de ceux qui furent traduits en justice) n'auraient pas eu la place d'y exécuter les évolutions qu'on prétend leur avoir vu faire. La tête du convoi était arrivée, au moment de l'attentat, tout près du pont de la Murg : la rivière d'un côté, la forêt de l'autre empêchaient une manœuvre de cavalerie, surtout que les chaises de poste, avec leurs massives proportions, laissaient à peine libre la moitié de la route. Si les hussards avaient attaqué, ils l'auraient fait moins maladroitement, et ne se seraient pas précipités, en poussant de grands cris, sur la première berline, pour donner aux autres voyageurs le temps de s'enfuir. Les Français ont assuré que les meurtriers parlaient français et allemand : or aucun hussard ne pouvait dire un mot de français. De tous les officiers du régiment de Szekler, un seul, le lieutenant auditeur Ruziczka, qui était absent, comprenait cette langue ; un autre, le lieutenant Fontana, qui était aussi loin de là, en connaissait quelques expressions. Tous les officiers comprenaient naturellement l'allemand, ainsi qu'un sous-officier, mais pourquoi ce sous-officier aurait-il donné un ordre à ses hommes dans une langue inintelligible pour eux ? Et il est certain qu'en français ou en allemand on a prononcé la fameuse phrase : *Hachez ces coquins de patriotes !*

Il résulte d'ailleurs des dépositions des témoins que les assassins étaient très pressés ; le crime est donc imputable à des gens qui avaient peur d'être dérangés : et par qui les hussards avaient-ils à redouter d'être dérangés ? Ils pouvaient s'acquitter en sûreté de leur sinistre besogne, et s'en aller de même, mais, dans ce cas, ils n'auraient pas choisi un endroit si rapproché de Rastatt, à deux cents pas de la porte de Rheinau, puisqu'ils disposaient de toute la route jusqu'au Rhin ; ils auraient préféré agir, au besoin, sur un point rapproché des bords du fleuve, pour détourner les soupçons sur des habitants de l'autre rive. Au contraire, ceux qui ont préparé le guet-apens l'ont fait avec méthode : ils ont dû se dire qu'en se plaçant à peu de distance de Rastatt, ils n'avaient pas à craindre les patrouilles autrichiennes, postées dans le voisinage du Rhin ; dans le cas où on les eût surpris ils rentraient dans la ville par des chemins, à eux familiers, qui leur évitaient de passer devant les soldats qui gardaient les portes ; de plus, s'il est vrai que les complices des meurtriers appartenaient à la suite des Français, en insistant sur le grand péril auquel ils étaient exposés, on s'assurait les moyens d'éloigner rapidement, et presque immédiatement, des auxiliaires dangereux, ou dont la présence était au moins inutile.

La conduite et l'attitude des personnages étrangers qui apparurent sur le théâtre du crime après la fuite des agresseurs sont décrites tout différemment par les Français qui les ont aperçus. Belin, Laublin, Desmont affirment avoir été bousculés et dépouillés ; les autres victimes sont muettes sur cette question. Quant aux dames Debry, les procédés des hussards à leur égard sont inexplicables. Une des filles leur demande son père, et ne rencontre que de la compassion chez eux : l'un d'eux lui serre la main, ainsi qu'à sa mère, avec la plus vive émotion ; d'autres leur posent des questions amicales, et un cavalier va plus loin, il leur offre sa gourde d'eau-de-vie ! Du reste, ces mêmes hussards, qui venaient de maltraiter Belin sans motif, l'auraient ensuite, d'après Belin lui-même, pris familièrement par la main et l'auraient aidé à retrouver son chapeau.

Malgré les contradictions multiples relevées dans les dépositions des Français, il n'en est pas moins vrai que ceux-ci, comme firent les ministres allemands restés à Rastatt dans leur *Rapport authentique*, désignent formellement les hussards de Szekler comme les auteurs de l'attentat. Pour discuter cette grave accusation, il est indispensable d'examiner :

1° L'origine, le caractère et la valeur des documents sur lesquels elle est basée ;

2° La question de savoir si le 28 avril dans la nuit, ou même le 29 avril au matin, on a publiquement imputé aux hussards la responsabilité du crime commis.

1° En réalité les dépositions des Français ne sont que des procès-verbaux sommaires, dressés par le juge de paix de Strasbourg ; elles n'ont été ni recueillies en justice, ni versées à une instruction judiciaire. Il est impossible que le juge de paix n'ait pas remarqué les contradictions énoncées plus haut : s'il ne les a pas signalées, c'est qu'il avait ses raisons pour cela. Mais le principal accusateur et témoin, Jean Debry, a modifié plusieurs fois ses déclarations :

de plus, il a témoigné de faits qu'il savait faux ; ce qui est plus fâcheux, c'est qu'il a eu l'intention bien arrêtée d'accuser les hussards : enfin, tous ses efforts tendent à se faire passer, non seulement pour une des victimes, mais pour la principale victime. Du reste, il est aisé de démontrer qu'il a exercé de la pression sur les autres, surtout sur ceux qui dépendaient de lui.

La même observation s'applique en partie aux dires des cochers badois ; on s'est contenté aussi pour eux d'un procès-verbal sommaire, mais la valeur des dépositions de ces hommes est presque entièrement annulée par ce fait qu'ils avouèrent eux-mêmes que, pendant la bagarre, ils avaient complètement perdu la tête ; il est à remarquer que *tous* n'ont pas été interrogés.

Quant au *Rapport authentique*, il a été inspiré exclusivement par Debry et plusieurs autres témoins de l'attentat : de plus, sa rédaction est d'autant plus suspecte qu'il eut pour auteur von Dohm, qui, d'accord avec son collègue, le comte Gœrtz, et le gendre de celui-ci, le baron von Rechberg, ministre de Bavière, avaient tout intérêt à exciter les esprits contre l'Autriche. En allant de Rastatt à Karlsruhe, et ensuite, en regagnant leur résidence, ces trois diplomates racontèrent le drame du 28 avril en y ajoutant les détails les plus faux, et ils tentèrent même d'impliquer dans l'affaire le comte Lehrbach. Un journal paraissant à Ansbach, et entièrement à la solde de la Prusse, la Deutsche Reichsundstaatszeitung se fit remarquer, peu après, par une série d'articles écrits par son rédacteur en chef, Davidsohn — ou plutôt Lang, comme il s'appela plus tard — où l'influence de Dohm et de Gœrtz était visible. Il ne serait pas étonnant que ces deux ennemis de l'Autriche aient falsifié, ou au moins complété, certains documents pour arriver à établir la culpabilité des hussards. D'ailleurs, deux rectifications au *Rapport authentique* furent présentées aussitôt après sa publication. D'abord, le baron von Münch exigea qu'on modifiât les deux passages qui le concernaient : puis, le délégué particulier du prince de Taxis, le conseiller Vrints, sortit à pied de Karlsruhe, et se fit rejoindre plus loin par sa voiture pour ne pas avoir à apposer sa signature sur le *Rapport*.

2° Le 29 avril, le conseiller de l'ambassade danoise, von Eggers, dans une lettre aux ministres allemands, leur proposa de ne pas partir tout de suite, comme ils l'avaient décidé, mais de rester quelques jours dans la ville, afin de procéder à une enquête sérieuse. Cette pièce montre que, le lendemain de l'assassinat, on en ignorait les auteurs ; et cependant Eggers avait vu Jean Debry après l'attentat, il avait causé avec Rosenstiel, Madame Roberjot et le valet de Roberjot, il avait dû leur demander : qui soupçonnez-vous ? et les réponses qu'on fit à cette question étaient nécessairement très vagues. — Bast, le secrétaire de la légation de Darmstadt, présent à Rastatt au moment du drame, rédigea un rapport où il ne nomme même pas les hussards de Szekler : il parle, d'une façon générale, de cavaliers, et ajoute spécialement qu'ils s'exprimaient en français. — Les indications tirées d'une correspondance de Karlsruhe, en date du 29 avril, envoyée à la Darmstædter Zeitung ne sont pas plus précises. Il en est de même du rapport que le ministre badois Edelsheim adressa, dans la nuit, au margrave Charles-Frédéric, avant la rentrée de Debry, il est vrai, mais après celle de Rosenstiel et des frères

Boccardi. — Diverses lettres écrites de Rastatt, le 30 avril, désignaient seulement les assassins par les mots de *brigands* ou de *meurtriers*, sans faire la moindre allusion aux cavaliers ennemis. Le 1er mai, on s'étonne qu'aucun des témoins de la scène ne puisse renseigner sur les agresseurs : on s'explique d'autant moins l'évènement que le capitaine autrichien s'était refusé à laisser partir les diplomates français pendant la nuit, et, comme on connaissait l'attitude hostile des domestiques à l'égard de leurs maitres, on se livre à toutes sortes de suppositions. — Le 3 mai, le comte Fugger mandait d'Augsbourg que, d'après les nouvelles qui venaient de lui parvenir (nouvelles de source française et émanant de Debry lui-même) les criminels n'étaient pas des hussards de Szekler, mais des individus parlant le français. Ce fut grâce aux efforts infatigables des ministres prussiens que l'on réussit à convaincre tout le monde que Bonnier et Roberjot avaient été massacrés par des soldats de l'armée régulière. Il s'agissait là, d'après eux, d'un crime politique, commis sur l'ordre du cabinet de Vienne, qui permettait de dévoiler la conduite de l'Autriche, l'adversaire et la rivale de la Prusse, qu'il importait de flétrir à tout prix.

L'examen des deux questions ainsi discutées amène à conclure que les déclarations de Jean Debry et consorts contiennent tant d'inexactitudes et de contradictions que leur valeur réelle est à peu près nulle; que les conditions dans lesquelles a été établi le *Rapport authentique* lui enlèvent toute autorité ; qu'enfin il est manifesté que, le 28, comme le 29 avril, on ignorait absolument quels étaient les auteurs du crime. Mais il existe encore toute une série de récits et d'allégations, dont une partie ne vient pas des

Français, et qui semble corroborer les accusations portées contre les hussards : il est bon d'en citer quelques-uns pour les réfuter.

Lanblin raconte que lès Szeklers montrèrent aux habitants de Rastatt leurs sabres teints du sang des Français, et se vantèrent d'avoir tué les ministres : c'eût été bien maladroit de leur part, et il n'y a guère à insister sur cette invraisemblance. — Dans la 14me annexe du *Rapport authentique,* on lit que les hussards vendirent à Rastatt des montres et des tabatières, sans se cacher le moins du monde. La chose est déjà plus admissible, quoiqu'elle ne prouve pas que les soldats aient massacré Bonnier et Roberjot, mais l'authenticité en est douteuse, car elle a été mise en circulation par le célèbre ministre von Dohm. Cependant, comme les chaises de poste sont arrivées tout de suite dans la ville, comme elles ont été aussitôt entourées d'une foule de monde, peut-être quelqu'un de l'assistance y a-t-il mis la main : peut-être même un hussard a-t-il trouvé sur la route, et mis dans sa poche, une montre ayant appartenu à un membre de la légation ? Il suffit que cette montre, ou un objet quelconque, ait été vendue pour que les marchands l'aient ensuite raconté, et cette histoire, grossie de bouche en bouche, aura vite fait son chemin. Toutefois, il serait plus naturel de supposer que c'est parce que les hussards de Szekler se savaient innocents qu'ils n'ont pas hésité à se débarrasser ouvertement d'un bien assurément mal acquis. Enfin, il n'est pas défendu de se demander quel rôle jouait là-dedans la police badoise, et comment elle a autorisé les habitants de la ville à acheter à des meurtriers les dépouilles de leurs victimes.

Une autre anecdote a pour auteur un batelier du

nom de Zabern, qui avait été enlevé sur le Rhin, le 25 avril, par un détachement de hussards, pendant qu'il conduisait un train de bateaux chargés de vivres. Cet homme avait été interné provisoirement à Gernsbach. Le 28, il remarqua dans la ville un certain mouvement de troupes : à 2 heures de l'après-midi, il aurait vu un colonel et un lieutenant auditeur, tous deux autrichiens, puis un sous-lieutenant, du nom de Fontana, monter à cheval avec 16 hussards, et se diriger vers Rastatt : aussitôt après, les habitants de Gernsbach surent que ces militaires s'étaient mis en marche pour tuer les ministres français ; le lendemain matin ils revinrent avec une voiture pleine de toutes sortes d'effets : de plus, le lieutenant Fontana aurait dit devant tous qu'il avait parlé avec les envoyés de France, et qu'on l'avait forcé à faire ce qu'il a fait. Peut-on imaginer qu'un colonel, un lieutenant auditeur et un sous-lieutenant ont annoncé à haute voix qu'ils partaient pour massacrer Bonnier, Debry et Roberjot ? Les hussards ont peut-être parlé d'expulsion, et encore, c'est peu probable, car ils ne devaient pas savoir pourquoi ils allaient à Rastatt ? Le colonel avait simplement donné des instructions au capitaine et au lieutenant, et les cavaliers ont suivi leurs chefs comme d'habitude. Zabern s'est d'ailleurs trompé en parlant de Fontana : cet officier était, toute la journée du 29, absent de Gernsbach, et il n'a pas pu prononcer les paroles qu'il lui prête. Enfin les hussards n'ont pas ramené de vêtements, mais des lettres et des papiers.

Qu'on ait cru sur le moment à tous ces racontars, cela se comprend. L'assassinat des délégués de la République française avait causé une émotion extraordinaire dans le pays : immédiatement on se mit à la

recherche des coupables. Les hussards de Szekler
étaient en guerre avec la France, ils venaient d'occuper Rastatt et d'en expulser les ministres ; leurs
patrouilles battaient la rive droite du Rhin ; il est
donc naturel qu'on les ait soupçonnés. Il est aussi
naturel qu'ensuite on remarque un indice suspect,
dont on n'avait pas prévu l'importance, qu'on trans-
forme et qu'on dénature des paroles insignifiantes,
auxquelles on donne le sens qu'on désire y trouver,
et qu'on arrive à découvrir un lien factice entre les
actions les plus simples. Comme beaucoup de gens
tenaient à ce que les hussards fussent les assassins, il
n'y a rien d'étonnant à ce que l'on ait inventé des
anecdotes ridicules, mais auxquelles on a confiance,
parce qu'elles ont été colportées par une personne
digne de foi, que nul ne connaît d'ailleurs. Mais vraiment, depuis cent ans, les nombreux historiens qui
se sont occupés de cette question auraient dû distin-
guer entre la vérité et le mensonge, entre ce qui est
possible et ce qui n'a pas pu arriver, et par suite
rejeter loin d'eux tout cet ensemble de récits contra-
dictoires.

III.

Quand on apprit à Rastatt l'assassinat des plénipotentiaires français, immédiatement les membres du
corps diplomatique se hâtèrent d'aller trouver le
capitaine Burkhard : leur entrevue avec lui ne nous
est connue que par le *Rapport authentique*, ce document si sujet à caution. Quoi qu'il en soit, et aux
termes de ce *Rapport*, l'attitude de l'officier est sur-
prenante : il est tout déconcerté, manifeste l'embarras
le plus profond, et ne tente même pas de discuter les

griefs formulés par les ministres. Il semble que si
Burkhard avait, ou de son propre mouvement, ou
pour exécuter des ordres reçus, participé au drame,
il aurait eu soin de préparer une excuse : il aurait
même nié sans doute, et protesté contre les accusations portées contre ses soldats ; ses chefs surtout
lui eussent indiqué la justification qu'il aurait à pro-
duire. Si d'ailleurs le capitaine autrichien a été l'ins-
pirateur de l'attentat, pourquoi s'est-il opposé, le soir
du 28 avril, au départ de la légation française ? Il
n'aurait jamais pu cependant rêver une occasion plus
propice, pour la perpétration d'un crime dont les
auteurs devaient rester inconnus, que cette affreuse
nuit de tourmente et de pluie. Mais que serait-il
advenu de ces préparatifs si les Français, effrayés
pour diverses raisons, s'étaient décidés à passer la
nuit à Rastatt ? Toutes les mesures eussent été
inutiles, et il ne restait plus à Burkhard d'autre res-
source que d'exécuter ses projets le lendemain en
plein jour, ce qui n'était pas très pratique, on en
conviendra.

Avec l'hypothèse du crime, la conduite des hussards
que le major von Harrant rencontra sur la route est
aussi extraordinaire que celle de leur chef. S'ils
avaient été chargés de massacrer Bonnier et Roberjot,
ils seraient partis aussitôt leur tâche achevée. Au
lieu de cela, arrivés en face des chaises de poste, ils
allument des flambeaux pour y voir clair et s'éclairer
eux-mêmes : ce qui explique que les victimes, en
ouvrant les yeux, les aient aperçus. Le major badois
leur ordonne ensuite d'escorter les voitures jusqu'à
Rastatt ; ils s'y refusent d'abord, en alléguant que
c'est leur butin, et qu'ils vont les conduire à leur
colonel : ils les ramènent cependant, mais continuent

à les garder, sur l'ordre de Burkhard. Cette insistance tendrait à prouver qu'ils avaient des instructions, non pour l'assassinat des ministres, mais pour l'enlèvement de leurs archives : en tout cas leur manière d'agir contraste singulièrement avec celle des véritables agresseurs, qui, eux, s'empressent de jeter les dossiers sur le chemin et dans la rivière ; ils ne le font que pour permettre au ministre de Danemarck et aux autres personnages qui avaient tout à redouter de la correspondance qu'ils avaient entretenue avec les diplomates et agents français, de ramasser et de repêcher ces documents compromettants.

Au contraire tout devient très simple si l'on admet que le colonel Barbaczy ait été invité à chercher un moyen de mettre la main sur les archives de la légation française. Pour se conformer à la consigne, il envoie, à partir du 19 avril, des patrouilles qui battent le pays pour la première fois aux environs de Rastatt, jusqu'à Plittersdorf. Ces cavaliers, peu après, arrêtent dans une promenade plusieurs diplomates allemands et leur prennent quelques papiers ; le 25, ils enlèvent un courrier français et le mènent, lui et ses dépêches, au quartier général du colonel. C'est exactement ce qu'ils ont fait dans la nuit du 28 avril. Ils veillent soigneusement sur les voitures, et Burkhard, tout troublé qu'il est, les dirige sur Gernsbach. Là, Barbaczy reçoit les lettres et les adresse au quartier général de l'archiduc Charles, qui, quelques jours après, s'empressa de les faire restituer au commandant des avant-postes français. Entre parenthèse, si le colonel et ses chefs, les généraux Gœrger, Merveldt et Kospoth ont osé faire parvenir cette correspondance à l'archiduc, c'est qu'ils n'étaient pas les instigateurs du crime ; c'est que, le 29 ou 30 avril, ils savaient de source certaine que les hussards n'étaient arrivés qu'après le départ des assassins, et qu'ils s'étaient bornés à ramasser les sacs qui étaient restés par terre.

Une question qu'on n'a jamais posée est celle de savoir si Barbaczy a songé a exécuter le 28 avril l'ordre qu'on lui avait donné relatif à l'enlèvement des papiers de l'ambassade et s'il a transmis des instructions dans ce sens à Burkhard. En tout cas, comme il prévoyait que les Français quitteraient seulement Rastatt le 29, il est probable qu'il a parlé de ce jour-là ; ainsi s'expliquerait l'insistance du capitaine à retenir les ministres qui, cédant à des influences encore inconnues, s'obstinèrent à se mettre aussitôt en route. Le colonel a pu aussi envisager le cas où Bonnier, Roberjot et Debry partiraient le 28, dans l'après-midi ou dans la soirée. En conséquence, Burkhard expédia quelques cavaliers à Plittersdorf, où les plénipotentiaires auraient à traverser le Rhin, et il a dû prescrire aux autres patrouilles de se saisir des sacs de lettres, dans le cas où elles rencontreraient les voitures avant Plittersdorf : c'est ce que les hussards ont fait.

A peine les diplomates allemands eurent-ils quitté le capitaine Burkhard que celui-ci adresse, dans la nuit, deux dépêches à son colonel ; dans son émotion, il les avait rédigées très peu clairement, et il avait même oublié de signer la première : s'il avait été plus maitre de lui-même, il aurait lu attentivement le rapport qui venait de lui être remis par le maréchal des logis Konczak. Ce sous-officier était à la tête d'une des deux patrouilles que Burkhard, en entrant à Rastatt, avait détachées du côté de Stollhofen ; dans son rapport, d'une concision toute militaire, il exposait non seulement ce que lui-même avait vu, mais ce qui lui avait été dit par le brigadier Nagy, commandant de l'autre patrouille. Malheureusement Burkhard ne tint aucun compte de ces renseignements véridiques. Par suite, le colonel Barbaczy ne comprit pas grand chose aux deux dépêches de son subordonné : il se borne à les transmettre, le 29 au matin, à son chef, le général major von Gœrger, en y joignant une note, où il exprimait son étonnement et promettait d'envoyer bientôt d'autres explications. Ce qui lui paraissait le plus clair, c'est qu'il était arrivé malheur à la députation française, et que ses hussards allaient être impliqués dans l'affaire. Il fut bientôt fixé sur ce point, car il reçut, dans la matinée, une lettre de reproches des plénipotentiaires étrangers demeurés à Rastatt : les trois envoyés prussiens, les représentants de l'électeur de Brunswick, du duc de Holstein, de l'électeur de Bavière, etc., informaient le colonel qu'ils allaient se retirer et demandaient une escorte pour eux-mêmes et pour le reste de l'ambassade française. Barbaczy communiqua ce document à ses chefs dans la journée du 29 : en même temps, il les informait qu'il avait accordé une escorte aux Français, non aux autres, et qu'il avait répondu à la circulaire des députés allemands en attribuant l'attentat aux excès de soldats aveuglés par l'avidité du pillage ; il ajoutait que, se sentant souffrant, il ne pouvait écrire lui-même et se faisait remplacer par l'auditeur du régiment.

Certains historiens ont prétendu que Barbaczy était tombé malade de remords. Vraiment ces remords auraient mis du temps à se manifester ; depuis dix jours que soi-disant le colonel préparait le guet-apens, il devait y être préparé et n'aurait pas reculé après

l'exécution. C'est inadmissible, et ce qui l'est aussi,
c'est que, pendant ces dix jours, Burkhard et Barbaczy n'aient pas songé à inventer des excuses moins
maladroites que celles qu'ils firent passer en haut
lieu. Bien plus, leurs supérieurs, qui étaient de
remarquables officiers généraux, ne se seraient-ils
pas arrangés pour leur suggérer une explication
plausible du massacre qu'ils avaient, sinon ordonné,
du moins conseillé ? En réalité, l'indisposition de
Barbaczy eut pour cause les préoccupations que lui
causa la besogne désagréable dont on l'avait chargé,
même en la supposant limitée à la confiscation des
archives de la légation. Sachant que la personne de
Bonnier, Debry et Roberjot était absolument invio-
lable, le colonel dut se demander avec anxiété ce qui
allait arriver si les députés se refusaient à livrer
leurs papiers, si leurs gens appuyaient cette résistance, s'ils étaient soutenus par une escorte badoise,
dont on pouvait prévoir la présence. Un conflit sur-
girait peut-être, et que dirait l'archiduc Charles ? Il
ne faut pas oublier en effet que le désir du général
Schmidt, transmis par le lieutenant-colonel Mayer,
avait été formulé à l'insu de l'archiduc ; que l'exécution de cette mesure serait certainement désapprou-
vée par lui, et qu'on n'atténuerait les conséquences
de son mécontentement qu'en mettant tout sur le
compte d'un malentendu. Dès lors, il n'est pas étonnant que Barbaczy et Burkhard, comprenant la terrible
responsabilité qu'ils encouraient, aient eu un moment
de faiblesse et d'égarement.

Ces deux braves officiers ne tardèrent pas à se
ressaisir eux-mêmes et ils agirent comme l'exigeaient
le devoir et le bon sens. Burkhard réunit ses hommes
dès qu'ils furent rentrés, et il examina minutieuse-

ment leurs uniformes et leurs armes, qui auraient été dans un bel état après l'assassinat supposé : il ne découvrit rien de suspect. Le comte Gœrtz et ses amis, qui avaient regardé les hussards à leur arrivée dans la ville, et qui s'approchèrent si près que la queue de la perruque de Gœrtz prit feu à l'un des flambeaux, ne virent rien non plus, et ils n'auraient pas manqué de signaler la plus petite tache de sang. Le rapport du maréchal des logis Konczak, les déclarations toutes concordantes des autres hussards purent convaincre Burkhard et le colonel, qui vint lui-même, le 29 ou le 30 avril, procéder à une seconde enquête, que leurs premières dépêches (où ils accusaient du crime les soldats) étaient inexactes. Barbaczy s'empressa de rendre compte à ses chefs, le 1er mai, de l'heureux résultat de son instruction ; mais l'affaire n'était pas finie, et il restait encore à connaître la décision de l'archiduc Charles.

IV.

Il faut, pour un instant, revenir au retour en France de Jean Debry. Celui-ci, dont l'état était tout à fait rassurant, désirait quitter Rastatt au plus vite. Comme, à neuf heures du matin, on n'avait pas encore reçu la réponse de Barbaczy à la lettre par laquelle les plénipotentiaires allemands demandaient une escorte, trois d'entre eux allèrent en réclamer une au capitaine Burkhard : il y consentit, à la condition que cette requête lui fût présentée par écrit. Il désigna alors le lieutenant Draveczky, deux sous-officiers et douze hussards pour former l'escorte à laquelle se joignit le major badois von Harrant avec deux sous-officiers et douze des hussards badois en garnison dans la ville : le secrétaire de la légation prussienne, von Jordan, suivit aussi les Français. Le cortège se mit en route vers une heure et arriva sans encombre à Plittersdorf : on rencontra en chemin le lieutenant Fontana, établi depuis la veille dans ce village, et qui revint en causant avec Debry. Le passage du fleuve dura un certain temps, et ce n'est qu'à six heures du soir que l'ambassade fut ramenée sur la rive gauche du Rhin. Avant d'entrer dans le bac, Debry exprima sa reconnaissance au major von Harrant et au secrétaire Jordan ; il remercia même, en termes un peu exagérés, le lieutenant Fontana. Draveczky et Harrant retournèrent avec leurs hommes à Rastatt, Fontana resta avec son peloton à Plittersdorf.

L'attitude de Debry et de Boccardi pendant leur voyage jusqu'au Rhin, leur conversation presque amicale avec les officiers des Szekler ne laissent guère deviner la terreur qui les étreignait, paraît-il. Dans son premier rapport, Debry annonce à Talleyrand que les hussards paraissaient furieux de voir qu'il avait échappé à la mort : dans son *Narré fidèle*, il parle des regards ironiques et féroces des soldats, et désigne Jordan comme son sauveur. Boccardi partageait ses craintes, mais lui attribue le beau rôle au major von Harrant : il est vrai que Boccardi était si peureux que son récit est peu digne de foi. D'autre part, en admettant l'énergie d'Harrant, cette énergie contraste d'autant plus avec la mollesse dont il avait fait preuve la veille au soir. Quand, à ce moment Burkhard refusa de faire accompagner par ses hussards les trois diplomates, pourquoi Harrant n'a-t-il pas proposé une escorte badoise, que l'on aurait formée en quelques minutes ? En effet, ce n'était pas à l'armée autrichienne, mais aux fonctionnaires de la

ville de Rastatt à veiller à la sécurité des ministres.
Comme ils restèrent inactifs, ils n'en furent ensuite
que plus enclins à exalter la bravoure du major
Harrant, qui était propre à leur concilier les bonnes
grâces ou du moins l'indulgence de la France.

On ne saurait vraiment trop insister sur l'incurie
du gouvernement badois en cette grave conjoncture.
Des historiens ont soutenu que ce n'était pas la peine
qu'il procédât à une enquête puisque la culpabilité
des hussards était reconnue, et que dès lors l'affaire
ne le regardait plus. Mais comme, dans le principe,
on n'a pas accusé les Szekler, comme on a incriminé
d'abord des émigrés, puis des bandits, c'était une
raison de plus pour ouvrir une instruction pendant
qu'il y avait encore à Rastatt des personnages dont le
témoignage était utile à recueillir. Or on ne fit rien.
Le margrave Charles-Frédéric, dans une lettre qu'il
écrivit à l'archiduc Charles, semble insinuer que c'est
l'autorité militaire qui a entravé les démarches de
son gouvernement. Mais c'est une erreur. Burkhard
sans doute ne se serait pas opposé à ce qu'une escorte
badoise fût adjointe au convoi, mais nul ne fit une
telle proposition. En second lieu, dès la première
nouvelle de l'évènement, le major Harrant partit sur
le théâtre du crime : pourquoi son action n'a t-elle pas
été plus décisive? Enfin personne n'a arrêté l'enquête,
qui a été faite sans méthode ; on a interrogé seulement quatre cochers badois, et très sommairement
encore : le 13 mai, le ministre Edelsheim concluait
qu'il était préférable de ne pas la continuer, puisque
l'archiduc avait constitué une commission militaire
pour juger au fond. En réalité, le margrave ne tenait
pas à ce que la vérité fût trop vite connue, sachant
que l'attentat servait les projets du Directoire et

redoutant de s'exposer aux rancunes de l'Autriche
et de la France. De son côté, l'archiduc se souciait
peu des résultats de la procédure, parce qu'il était
convaincu qu'on s'arrangerait pour détourner les
s upçons sur des personnes étrangères au margraviat. L'inaction des autorités badoises faisait ainsi le
jeu des deux partis.

V.

La première nouvelle de l'attentat de Rastatt avait
été apportée à l'archiduc Charles par une dépêche
du feld-maréchal-lieutenant von Kospoth, en date du
30 avril : l'archiduc répondit aussitôt en rendant
responsables le colonel Barbaczy et le capitaine Burkhard ; les hussards devront être arrêtés, et une commission d'enquête, sous la présidence du feld-maréchal-lieutenant comte Sporck, sera chargée de l'instruction. Dans sa lettre, le prince paraît ignorer les
mobiles du crime : il croit à un manque de précau-
tions de la part de Barbaczy ; il manifeste la crainte
que les faits ne soient dénaturés par les ennemis de
l'Autriche, mais il ne transige pas avec sa conscience,
et il défend de faire connaître aux inculpés les consi-
dérations politiques qui lui font vivement désirer la
découverte de circonstances atténuantes. En même
temps, l'archiduc informait le margrave de Bade et
diverses personnalités qu'il avait ordonné la constitu-
tion d'un tribunal militaire. Le 2 mai, il écrivait
aussi au commandant en chef de l'armée française,
le général Masséna, en lui promettant que, le cas
échéant, justice entière serait rendue.

Pendant ce temps, les membres du Congrès restés
à Rastatt avaient rédigé leur *Rapport en commun*,

qui ne contenait aucune plainte, mais le récit exact de l'événement : ils le signèrent le 1er mai à Karlsruhe et prièrent le baron von Eyben, secrétaire de la légation danoise, de le remettre à l'archiduc Charles. Eyben se présenta le 4 mai au quartier général, à Stokach : il fut reçu le jour même par le prince, qui lui fit part de l'arrestation du colonel Barbaczy. Dans un second entretien, l'archiduc lui demanda si Debry lui-même avait reconnu qu'on l'avait interpellé en français : sur la réponse affirmative d'Eyben, il émit l'avis que le crime pourrait bien avoir été l'œuvre, non des Szekler, mais des émigrés ; il ajouta qu'il ne soupçonnait pas comment le malheur était arrivé : il faut, dit-il, qu'il y ait eu *quelque raison particulière*. De Stokach, Eyben se rendit à Munich où il rencontra le ministre prussien Gœrtz, à qui il cita le mot de l'archiduc, en lui recommandant le secret. Abusant de la confidence, Gœrtz non seulement ébruita la nouvelle qui parvint jusqu'à Berlin, mais en profita pour inspirer toute une série d'articles très violents contre la politique autrichienne, qui parurent quelque temps après dans un journal dont on a déjà parlé, la Deutsche Reichsundstaatszeitung, publié à Ansbach.

Aussitôt après l'arrivée au quartier général autrichien des premières dépêches de service accusant les hussards de Szekler et avant même qu'Eyben eût pu s'acquitter de sa mission, le prince avait été avisé que ce ne devait pas être les soldats, mais bien des émigrés qui avaient commis le meurtre. Son aide de camp général, le colonel Delmotte, écrivait le 3 mai au duc Albert de Saxe-Teschen qu'on soupçonnait sérieusement le général Danican, l'auteur de *Cassandre*. Tout en reprenant confiance, l'archiduc Charles

conservait encore des doutes, comme le prouve la
phrase qu'il prononça devant le baron von Eyben.
Frappé de ce fait que Bonnier et ses collègues étaient
partis la nuit sans être accompagnés, il dut demander
des explications aux généraux commandant les troupes de première ligne, surtout au feld-maréchal-
lieutenant Kospoth. Celui-ci — on peut très vraisem-
blablement le conjecturer — se sera appuyé sur la lettre
du général-major Schmidt et sur celle du lieutenant
colonel Mayer : il aura fait valoir qu'il eût été difficile
d'exécuter l'*idée* de Schmidt (c'est-à-dire la confiscation des papiers de la légation) sous les yeux d'une
escorte autrichienne, et que c'est pour cette raison
que le capitaine Burkhard se crut obligé de la refu-
ser. Ce rapport de Kospoth, avant d'être lu par
l'archiduc, passa par les mains de Schmidt, qui
décachetait la correspondance en qualité de chef
d'état-major général et lui causa une pénible émotion. Schmidt ne pensait plus au billet amical qu'il
avait envoyé à Mayer, et il était loin de deviner qu'on
ait pu prendre son *idée* au sérieux ; il tomba donc
de son haut en apprenant, par la réponse du feld-
maréchal-lieutenant, que c'était sur son désir à lui
de voir enlever les archives des Français qu'on
n'avait pas voulu leur donner une escorte. Atterré,
mais ne songeant pas à dissimuler sa faute involon-
taire, Schmidt va trouver l'archiduc Charles, et se
voit forcé de reconnaître que c'est sa lettre au lieutenant-colonel Mayer qui a dû motiver l'entreprise si
malheureusement terminée par l'assassinat des ministres français. Cet aveu, dicté par l'honnêteté, impres-
sionna fâcheusement le prince, et détruisit dans son
esprit l'espoir de voir bientôt ses hussards à l'abri de
tout reproche ; aussi, dans une dépêche qu'il adressa

quelques jours plus tard (18 mai 1799) à son frère
l'Empereur, il sollicitait toute son indulgence à l'égard
du général Schmidt et semblait être persuadé de la
culpabilité des Szekler.

VI.

La commission instituée par l'archiduc Charles se
réunit à Villingen le 7 mai 1799 : elle était présidée
par le feld-maréchal-lieutenant comte Sporck, et com-
posée d'un colonel, d'un colonel wachtmeister, de
deux lieutenants-colonels, d'un capitaine, d'un maréchal des logis et d'un capitaine auditeur, dont la
mission consistait à conduire l'instruction et à rédiger
les procès-verbaux. Les séances durèrent jusqu'au
30 mai, et on interrogea successivement Barbaczy,
Burkhard, le maréchal des logis chef Konczak et le
brigadier Nagy, tous deux commandants des patrouilles qui arrivèrent sur le théâtre du crime, et dix
hussards faisant partie de ces deux patrouilles ; puis
le lieutenant Draveczky, le lieutenant Fontana et le
lieutenant Szentes, que Burkhard envoya la nuit avec
six cavaliers pour secourir les Français, ainsi que ces
six hussards. La déposition de Barbaczy a relative-
ment peu d'intérêt : il se borne à plaider la cause de
ses hommes qu'il croit innocents ; il indique comme
auteurs possibles du crime soit d'autres soldats de
l'armée impériale (les hussards de Saxe et de Berchiny
par exemple), soit des émigrés en général, à cause
d'une phrase qu'il cite : *Voilà les coquins qui ont volé
pour la mort du Roi !* Cette phrase a été très probablement prononcée, ou une autre analogue ; Barbaczy tenait ce détail d'amis qui se trouvaient à
Rastatt le 29 avril.

La déposition de Burkhard est loyale et franche : certains détails lui échappent, mais il convient de tenir compte des tribulations endurées par le malheureux officier dans la nuit du 28 au 29 avril. Quant à celles des sous-officiers et des soldats, elles sont d'une importance capitale : tous, ils disent, en somme et en gros, la même chose en termes absolument simples ; on ne relève nulle part la moindre contradiction (ce n'est pas comme dans les récits des Français), et pourtant leurs témoignages diffèrent presque tous, quand il s'agit des mêmes faits rapportés par chacun d'eux. Aucun des prévenus ne fait allusion à la lettre du général Schmidt, et personne ne dit mot de l'ordre relatif à un coup projeté contre les Français. Mais les cavaliers, les sous-officiers et même les officiers subalternes n'avaient pas eu communication de cet ordre, et quant à Barbaczy, il n'avait pas à en parler devant le tribunal, puisque le fait n'avait pas pu exercer d'influence sur l'assassinat des ministres.

Quoi qu'il en soit, l'interrogatoire des inculpés suffit pour démontrer leur innocence. C'est du reste à ce résultat qu'aboutit le capitaine auditeur qui résuma les débats du procès, dans un rapport annexe. Il prouve en effet que la seule base de l'accusation portée contre les Szekler consiste dans des rumeurs répandues par une nuit obscure, au milieu de la confusion générale. On ne procède à aucune formalité, on recueille sans critique les assertions de Debry et du valet de chambre de Roberjot : ces deux témoins ne pouvaient pas être impartiaux, et comment ont-ils su que les agresseurs étaient des hussards, même des hussards de Szekler, et que ce n'était pas des gens déguisés ? D'autre part, les deux sous-officiers chefs de patrouille, Konczak et Nagy,

passaient pour être deux des meilleurs du régiment ;
décorés de la médaille d'honneur, ils n'auraient
jamais laissé leurs hommes accomplir un tel forfait,
et ils n'avaient pas l'intelligence voulue pour l'organi-
ser. Pas un cavalier ne comprenait ni ne parlait le
français, ils ne pouvaient donc appeler les ministres
par leur nom : ne les connaissant ni de nom ni de
vue, comment auraient-ils réussi à tomber sur tel ou
tel d'entre eux ? Si l'on avait le pillage comme
objectif, il était inutile de massacrer Bonnier et
Roberjot : quant au pillage, si on l'admet, il a pu
s'exercer soit avant l'arrivée des Autrichiens, soit
quand une des chaises de poste a versé, soit pendant
qu'on ramenait le convoi au milieu d'une foule de
gens. Tous les hussards ont été visités à fond après
l'évènement : on n'a pas relevé de traces de sang ni
sur les uniformes ni sur les armes, on n'a découvert
aucun objet volé ou détourné par eux. S'ils s'étaient
sentis coupables, ils se seraient sauvés : au lieu de
cela, en entendant du bruit et des cris poussés en
français, ils accourent ; en voyant s'enfuir des gens
à cheval et à pied, ils les poursuivent, sans pouvoir
les rejoindre à cause de l'obscurité, les domestiques
porteurs de flambeaux ayant été les premiers à s'éclip-
ser ; ensuite ils relèvent un équipage renversé, laissent un brigadier et la plus grande partie des
patrouilles pour veiller à la sécurité des survivants
et reconduisent les voitures à Rastatt.

De leur côté, Barbaczy et Burkhard n'ont rien
négligé pour constater les faits, sauver les survivants,
ainsi que les objets leur appartenant, et découvrir
les assassins. Ils ont aussitôt envoyé sur les lieux un
officier et six hommes, et fourni une escorte à ceux
qui partaient à la recherche de Jean Debry. Le capi-

taine a fait ramener en ville les chaises de poste
entourées par ses hussards, les a fait garder pendant
toute la nuit et a fait allumer des falots et feux de
bivouac pour qu'on ne pût rien dérober. En présence
du major badois von Harrant, on a transporté dans
son quartier les sacs fermés par des sceaux, les sacs
d'argent et les objets précieux qu'il a remis le lendemain, devant témoins, au domestique de Roberjot.
Se conformant aux ordres qu'il avait reçus antérieure-
ment concernant la prise d'un courrier, il garda par
analogie les coffrets contenant les papiers pour les
expédier au quartier général : ces papiers furent
ensuite restitués sur l'ordre de l'archiduc. Le lendemain, quand toute crainte d'une attaque des Français
sur Rastatt eut disparu, il accorda une escorte aux
personnes qui avaient réussi à se sauver ; mais il
ne permit pas aux autres plénipotentiaires de les
accompagner, parce qu'il voyait dans cette manifesta-
tion une marque de défiance à son égard, et qu'une
pareille faveur aurait tourné contre lui. On n'aurait
pas manqué de dire après que les Français n'avaient
dû leur salut qu'à l'assistance du corps diplomatique.

Le capitaine auditeur établit au contraire que de
très graves présomptions existent contre les émigrés
et les serviteurs des ministres. Bonnier avait depuis
longtemps peur des émigrés, et de plus il hésitait au
moment de quitter Rastatt : ce sont ses collègues
(surtout Debry) qui le contraignirent à partir. Les
plénipotentiaires français ont été appelés en français
par leur nom ; quelqu'un a prononcé la phrase :
Voilà les coquins qui ont voté pour la mort du Roi !
Les Français survivants soupçonnaient eux-mêmes
l'auteur bien connu de *Cassandre*. Enfin les domestiques étaient mécontents de leurs maîtres ; un de

ceux de Bonnier avait servi comme émigré dans
l'armée de Condé : le valet de Boccardi avait dû, peu
avant, assassiner son propre maître. Dès que l'attentat fut consommé, ils s'enfuirent avec leurs flambeaux
ou les éteignirent. Est-ce par compassion ou par com-
plicité que le domestique de Roberjot sauta dans la
voiture, et boucha les oreilles de Madame Roberjot ?
Enfin, cet homme, quand le capitaine autrichien lui
remit l'argent et les bijoux, s'adjugea et mit dans sa
poche une tabatière en or.

VII.

Après une argumentation aussi solidement établie,
on peut désormais considérer comme une légende
l'assassinat de Bonnier et de Roberjot par les hussards
de Szekler. S il est difficile d'attribuer à tel ou tel
personnage la paternité de cette légende, on ne contes-
tera pas en tout cas le rôle important joué par Jean
Debry dans ces tristes circonstances. Pendant la nuit
qu'il passa dans le bois, il dut se demander quels
pouvaient être ses agresseurs (en admettant qu'il ne
les ait pas reconnus et qu'il ne soit pour rien dans le
meurtre de ses collègues). Les soupçons se portèrent
sans peine sur les troupes qui étaient depuis quelques
jours aux environs de Rastatt, et qui venaient de se
montrer en ville ; il n'est pas impossible en outre
qu'il ait aperçu le parti qu'il allait tirer de l'aventure,
si les soldats étaient les assassins, et entrevu la satis-
faction que cette nouvelle causerait au Directoire.
Cette idée, Gœrtz se chargea de la transformer en
certitude absolue, Gœrtz, chez qui il vint se réfugier
le 29 avril au matin, et qui avait nuitamment découvert, dans son esprit inventif, que les cavaliers autri-

chiens étaient les auteurs de l'attentat. Il n'est donc
pas surprenant que Debry ait accusé (ce qui est loin
d'être prouvé) les Szekler aussitôt après son arrivée
à Rastatt. On comprend aussi pourquoi, dès qu'il eut
pénétré sur le territoire français, il défendit à sa suite
de rien raconter de l'évènement ; l'un ou l'autre de
ces hommes aurait pu loyalement déclarer qu'il n'était
pas du tout sûr de l'identité des meurtriers, comme
le fit du reste le valet de chambre de Roberjot. Mais
si les coupables étaient les hussards, il fallait démontrer qu'ils avaient agi, non pour un motif quelconque,
mais sur l'ordre de leurs supérieurs ; c'est ce que
tenta, dès le début, Jean Debry. De Strasbourg, il
envoie le 2 mai à Talleyrand un rapport sommaire
où il accuse formellement le gouvernement autrichien,
sans donner la moindre preuve. A Paris, il rédige un
second rapport, le fameux *Narré fidèle*, dans lequel
on trouve une imprécation à l'adresse de tous les
monarques, puis une formule de malédiction contre
la cour de Vienne et l'*éternelle infamie de l'exécrable
caverne d'égorgeurs appelée Maison d'Autriche*, enfin
les attaques les plus invraisemblables contre les personnages qui représentaient l'Empereur au Congrès.
Le ton et la teneur de ces rapports étaient si agréa-
bles au Directoire qu'il ne songea pas à les soumettre
à un examen critique, pas plus qu'il ne publia la
lettre adressée à Masséna par l'archiduc, dans laquelle
il s'engageait à punir exemplairement les coupables.
Au contraire, il s'en inspira pour lancer, le 7 mai,
une proclamation aux Français, et, le lendemain, un
manifeste à tous les peuples et à tous les gouverne-
ments.

Debry reparut pour la première fois aux Cinq-
Cents le 20 mai ; il monta à la tribune ; entremêlant

son discours de malédictions, de prières et de larmes, il se mit à raconter la nuit du 9 floréal : on l'écouta d'abord attentivement, mais quand il parla de ses vingt-quatre blessures et de son sang qui coulait à flots, la plupart de ses collègues ne purent s'empêcher de sourire. Quelques jours après, Debry était appelé à la présidence de l'assemblée : il eut de plus trente mille francs d'indemnité. Mais peu à peu, le public conçut des doutes sur les déclarations de Debry et des Français de sa suite, on en vint même à accuser le Directoire d'avoir, pour des raisons d'intérêt personnel, organisé l'assassinat des ministres. Debry vit bientôt se dresser contre lui une accusation qui aurait pu avoir des conséquences funestes si le Directoire n'avait pas étouffé cette voix, et si la tourmente générale n'avait fini par détourner l'attention. La voix qui s'était élevée contre Debry était celle de Madame Roberjot. Elle avait catégoriquement refusé d'assister à la cérémonie funèbre célébrée le 20 prairial (8 juin) à la mémoire des victimes, et avait renvoyé au Directoire son invitation : elle ne voulait plus voir Debry et le désigna hautement comme un des instruments du complot que les Directeurs, dans leur haine de Bonnier et de son mari, avait ourdi contre ces malheureux. On essaya de la faire passer pour folle, mais tout le monde n'admit pas cet échappatoire. En comparant l'attitude de cette pauvre femme avec les déclarations qu'elle fit à Rastatt, il est difficile d'admettre l'exactitude de ce qu'on lui fit dire à ce moment.

VIII.

La réponse au manifeste du Directoire fut la résolution prise par l'archiduc Charles de prescrire

une enquête minutieuse. De plus, quand arriva à
Vienne la lettre écrite le 18 mai par ce prince,
l'Empereur invita officiellement la Diète générale de
l'Empire à nommer plusieurs députés tirés de son
sein pour assister aux recherches commencées sur
cette affaire. En réponse à cette proposition, la Diète
déclara que l'Empereur et l'Empire étaient animés du
même désir de justice et de réparation, et que la
meilleure manière de convaincre de cette vérité les
personnes impartiales était de confier à S. M. I. le
soin de continuer l'instruction. Cette instruction, on
se le rappelle, ne pouvait porter que sur les hussards
de Szekler : s'il avait fallu chercher à prouver la
culpabilité de soldats appartenant à des régiments
d'émigrés, ou à poursuivre des émigrés ou d'autres
personnes, c'est aux magistrats badois qu'il appartenait d'intervenir et de prendre en main la conduite
du procès.

L'émotion causée par le drame du 28 avril se calma
vite. Le Directoire n'insista pas dès qu'il eut remarqué qu'il risquait de se rendre non seulement ridi-
cule, mais suspect. Debry lui-même ne fut pas sans
manifester la répugnance qu'il éprouvait à parler ou
à entendre parler de cet évènement : il paraît qu'on
fit courir à Paris le bruit de son arrestation pro-
chaine, et qu'il songeait à aller demander asile à ses
amis d'Allemagne. La guerre recommença bientôt du
reste, et les opérations militaires firent passer au
second plan l'assassinat de Bonnier et de Roberjot.
L'archiduc Charles était entré en campagne, et il ne
s'en occupa plus sans doute : ce n'est qu'à son retour
de Suisse que le prince semble avoir appris la résolution de la Diète de Ratisbonne. Le 2 septembre, il
adressait à ce sujet une lettre à l'Empereur qui n'est

4

guère qu'une paraphrase de celle du 18 mai. Elle
montre qu'au bout de quatre mois l'archiduc n'avait
pu écarter les idées préconçues qu'avait fait naître en
lui la confidence du général Schmidt, surtout l'*idée*
de Schmidt ayant été communiquée, avant toute autre,
au lieutenant-colonel Mayer, un ambitieux aimant
passionnément les intrigues. Elle permet de supposer
que le prince n'avait, sur cette déplorable histoire,
que des données incomplètes : il était peut-être aussi
attristé en pensant que plusieurs officiers généraux
(Kospoth, Merveldt, Gœrger) allaient être compromis,
et que ce scandale serait exploité par les ennemis de
l'Autriche.

IX.

On ne sait pas exactement quand finit l'instruction
ouverte contre les hussards de Szekler, mais il est
presque certain qu'elle fut close au cours de l'au-
tomne de 1799. Les cavaliers furent néanmoins
maintenus en prison, et ce n'est qu'en août 1800
qu'on les renvoya en Transylvanie, pour y tenir garnison. Barbaczy et Burkhard y exercèrent un com-
mandement jusqu'en mai 1801 : à cette date, ils
furent retraités, le premier avec la pension de général-
major, le second avec celle de major. Ce n'était pas
une disgrâce, car, même sans l'aventure de Rastatt,
ces officiers ne pouvaient guère aspirer à un grade
supérieur.

L'Empereur ne profita probablement pas du soin
que la Diète lui avait laissé de continuer l'enquête,
et comme, quelle que fût la conclusion de cette
enquête, elle n'aurait jamais pu satisfaire certains
esprits prévenus, on laissa s'effacer le souvenir de

cette nuit tragique. D'ailleurs ceux qui avaient cru,
en Autriche, à la culpabilité des Szekler étaient
désormais persuadés de leur innocence : les officiers
généraux que l'archiduc Charles avaient, un instant,
soupçonnés, fournirent encore une longue et hono-
rable carrière. Ce prince, avec le temps, se fit une
opinion différente de celle émise par lui dans ses
lettres de mai et septembre 1799. Quand il écrivit,
vingt ans plus tard, le récit de la campagne de 1799,
il fit allusion à l'assassinat des ministres dans les
termes suivants : « *On ignore jusqu'à ce jour quels
ont été les auteurs de ce crime : il appartient à la
postérité de découvrir et de dévoiler ce secret* ».

X.

L'étude de M. le capitaine Criste ne comportait
pas de conclusions, car s'il a réussi à innocenter les
hussards, il n'a pas pu désigner exactement les vrais
coupables. Sans prétendre être plus heureux que lui,
nous nous permettrons d'apporter un élément de
plus dans la discussion. Nous avons acheté en effet,
il y a quelques années, pour les archives départemen-
tales, une petite plaquette imprimée (1), sans date
ni lieu d'impression, sous le titre de *Rapport officiel
sur l'assassinat des ministres plénipotentiaires à
Rastatt.* Ce rapport consiste dans deux lettres écrites
le 30 avril et le 1er mai par le colonel Barbaczy à
l'archiduc Charles. Elles sont inédites : M. le capitaine
Criste n'a pas connu la première ; quant à la seconde,
il n'ignorait pas son existence et il aurait bien voulu
la trouver, mais il l'a cherchée vainement dans les

(1) Elle y est conservée aujourd'ui dans la série L,
liasse n° 1557.

archives de Vienne : c'est la plus importante des
deux.

La première, celle du 30 avril, ne rapporte aucun
fait nouveau. Barbaczy y raconte très longuement la
soirée du 28 avril. Il commet très probablement une
erreur en prétendant qu'une escorte a été proposée
aux Français qui l'ont refusée avec indignation. Par
contre, il confirme un détail déjà connu, à savoir que
c'est Debry, d'accord avec Rosenstiel, qui paraissait
être parfaitement d'intelligence avec lui, qui décida
ses collègues à partir le soir même. Puis il résume
les renseignements fournis par les domestiques de
Bonnier et de Roberjot et par les autres survivants,
et il n'hésite pas à signaler les soupçons que provo-
qua à Rastatt la rentrée mystérieuse de Rosenstiel et
de Jean Debry. Tout le monde savait dans la ville
que ces deux personnages avaient seuls la confiance
de leur gouvernement : Bonnier et Roberjot ayant
déclaré tout récemment qu'ils n'attendaient que leur
retour en France pour dénoncer au corps législatif la
politique extravagante du Directoire, ce dernier propos
paraissait avoir été la cause déterminante de la mort
de ces infortunés. L'accusation se précise à la fin :
« '... Ce n'est pas à moi à faire des réflexions sur ce
« que je viens de raconter à V. A. R. ; mais s'il fallait
« exprimer ce qu'on ne peut s'empêcher de sentir,
« que ne diroit-on pas d'un gouvernement aussi
« redoutable à ceux qui le servent qu'à ses ennemis,
« et qui fait ainsi égorger ses propres agens, les uns
« par les autres, lorsqu'il croit sa politique intéressée
« à les immoler ? Il seroit impossible de rendre la
« sensation que cette atrocité a faite dans ce pays-
« ci. »

Dans la seconde dépêche (1er mai), Barbaczy

annonce à l'archiduc que ses hussards lui ont amené,
la veille au soir, deux Français que des paysans
armés avaient arrêtés le 29 avril vers 10 heures du
matin, c'est-à-dire douze heures seulement après
l'attentat. L'allure de ces deux hommes était tout à
fait suspecte, et, quand on les fouilla, on trouva sur
chacun d'eux une bourse contenant 50 pièces d'or,
monnaie de France, et dans la poche de l'un d'eux,
le billet suivant : « Rastadt, 9 floréal, 8 heures du
« soir. Nous partons dans une heure. Vous nous
« verrez de neuf à dix. Nos voitures seront éclairées.
« Jean sera dans la première et moi dans la qua-
« trième, avec les papiers. Je vous recommande la
« troisième et la cinquième. Signé : R. I. ». Barbaczy, après la lecture de ce billet, soupçonna qu'il
avait mis la main sur « deux des exécuteurs du
« détestable complot dont on avoit si bien deviné les
« auteurs à Rastadt ». Les deux Français ayant refusé
de parler, le colonel prend le parti de les envoyer à
l'archiduc. Il expose ensuite qu'il a appris que Jean
Debry, dès son arrivée à Strasbourg, n'a pas craint
d'imputer aux hussards « son propre crime », et il
proteste avec énergie contre cette accusation : « Heu-
« reusement, cette monstrueuse calomnie tombe par
« sa propre absurdité. Car quel motif supposer à mes
« hussards pour commettre cet assassinat ? Ce n'est
« pas leur haine contre les Français, puisque sur
« quinze que renfermoient les cinq voitures, ils en
« laissent vivre treize, pour ne s'acharner que contre
« deux en particuliers. Ce n'est pas non plus le désir
« du pillage, puisqu'ils ne touchent ni l'or ni l'argent
« ni les bijoux, et ne s'attachent qu'à des papiers.
« Dira-t-on qu'ils agissoient par ordre de leurs chefs,
« et que ceux-ci vouloient avoir les papiers de la

« légation ? Mais pourquoi donc ne s'emparent-ils de
« ces mêmes papiers que pour les jeter dans la
« Murg ? Fut-il jamais rien de plus mal cousu ! Ne
« reconnait-on pas ici ceux qui firent tuer à Rome
« un de leurs officiers, nommé *Duffaut*, pour impu-
« -ter ensuite ce meurtre aux ministres du Pape? Ceux
« qui firent massacrer leurs malades dans l'hôpital
« de Vérone pour accuser de cette boucherie le Sénat
« de Venise ? Leurs ruses sont connues ; toute
« l'Europe retentit de leurs forfaits, et le ciel s'ap-
« prête à les faire retomber sur leurs têtes ». Enfin,
dans un post-scriptum, il ajoute : « ... Un détache-
« ment de mes hussards vient de m'amener dix
« autres Français qui ont été trouvés à l'entrée de la
« Forêt Noire... ; ils ont avoué avoir été envoyés
« depuis huit jours de Strasbourg, au nombre de 27,
« pour faire ce coup, et n'avoir été avertis que dans
« la soirée du 28 avril du moment où il faudroit
« l'exécuter. Ils ajoutent beaucoup d'autres détails
« que V. A. R. apprendra mieux de leur propre
« bouche. Je les lui envoie sous bonne garde avec
« les deux premiers. Mes hussards n'auront pas de
« repos qu'ils ne tiennent le reste de la bande ».

Il est singulier que les archives autrichiennes ne
donnent aucune indication sur tous ces prisonniers
que le colonel des Szekler expédia à l'archiduc Charles,
et dont l'interrogatoire aurait été bien intéressant.
Cette réserve était nécessaire de notre part : de
même, il nous est impossible d'affirmer que la seconde
lettre du colonel Barbaczy soit exactement la même
que celle à laquelle fait allusion M. le capitaine Criste.
Aussi, tout en signalant ces deux curieux documents,
nous nous abstiendrons de conclure, par respect pour
la mémoire de Jean Debry. Au demeurant, nous ne

devons pas être plus sévère pour lui que ne le fut le gouvernement de Louis-Philippe, qui rappela d'exil, en 1830, le conventionnel régicide, lui accorda le titre de préfet honoraire, et lui assura une respectable pension de retraite.

J. Souchon.

Laon. — Imprimerie du *Journal de l'Aisne*, 22, rue Sérurier.